AF495228

DANS LES COULISSES DE L'HISTOIRE

Les Livres de Comptes

DES

Impératrices Joséphine et Marie-Louise

CONSERVÉS A LA BIBLIOTHÈQUE PUBLIQUE DE GRAY

PAR CAMILLE ROCHARD

Bibliothécaire de la Ville de Gray

GRAY

ANCIENNE IMPRIMERIE ROUX

1927

à Monsieur le baron de Mandre

très sympathique souvenir

22 mai 1927

Camille Rochard

DÉDIÉ

à

Madame la Comtesse A. de CHABRILLAN

en respectueux hommage.

DANS LES COULISSES DE L'HISTOIRE

Les Livres de Comptes

DES

Impératrices Joséphine et Marie-Louise

CONSERVÉS A LA BIBLIOTHÈQUE PUBLIQUE DE GRAY

PAR CAMILLE ROCHARD

Bibliothécaire de la Ville de Gray

Les bibliothèques de province renferment bien des trésors insoupçonnés du grand public. C'est ainsi que la Bibliothèque de Gray possède sept volumes in folio, reliure pleine, peau verte, ainsi décrits dans le tome VIII du Catalogue général des Manuscrits des Bibliothèques publiques de France : *Registres de Trésorerie des Impératrices Joséphine et Marie-Louise, tenus par Jean-Claude* (sic) *Ballouhey, d'Igny, leur trésorier.*

Comment ces registres, si précieux pour la connaissance de la vie intime des deux femmes de Napoléon, sont-ils venus en la possession de la ville de Gray ? Voici :

Jean-Claude Ballouhey, fils de Claude, est né, non pas à Igny, mais à Citey, près de Gy, le 19 septembre 1764, de Claude, vigneron, et de Claude-Louise Deroulier. Il dut quitter de bonne heure la maison paternelle, ses père et mère ne pouvant qu'à grand'peine élever leurs nombreux enfants. Il se rendit d'abord à Paris, où il se plaça dans une maison de commerce. Il la quitta bientôt, épuisé qu'il était par un travail de 16 à 18 heures par jour, et s'engagea dans les dragons de la Reine, dont le colonel M. de Grammont, s'intéressait à lui.

Devenu en peu de temps brigadier, il démissionna pour ne pas se voir obligé d'administrer des coups de plat de sabre à un militaire puni. L'évêque de Noyon lui fit faire plusieurs copies de son portrait, pour les distribuer à des communautés religieuses, car Ballouhey avait un réel talent de dessinateur. Mgr. de Durfort, archevêque de Besançon, le chargea d'exécuter la série des portraits des archevêques, ses prédécesseurs. Pendant la Révolution, Ballouhey dut se réfugier chez un peintre d'enseignes, où il resta pendant neuf mois, occupé à faire des planches en couleur pour son protecteur. Un de ses anciens capitaines du régiment des Dragons de la Reine, M. Desvaux, avait fondé une maison de commerce. à Rouen, avec M. le comte de Margueryе et M. de la Rochefoucauld, Ballouhey, pendant son service militaire, avait été son trésorier ; Desvaux fit appel à lui et lui confia la caisse. puis la direction de l'établissement. Peu de temps après, la banque fut transférée à Paris ; mais de grandes catastrophes arrivées à une des premières maisons de banque de la capitale forcèrent les associés à se retirer. et Ballouhey fut chargé de la liquidation.

L'Empire venait d'être établi, le 2 décembre 1804 ; Mme de la Rochefoucauld avait été choisie comme première dame d'honneur de l'Impératrice Joséphine.

Elle présenta Ballouhey à Joséphine, un peu sa parente, dit-on, et le lui fit agréer comme trésorier. Dans ces fonctions délicates, il déploya les qualités les plus éminentes de tact, de probité et de discrétion et

J. C. BALLOUHEY
Intendant des Impératrices Joséphine et Marie-Louise
(d'après un portait peint par lui-même en 1794 et gravé par Bertonnier en 1816)

sut mériter la confiance de l'Empereur. Après le divorce, il consentit, bien qu'à regret, à conserver ses fonctions auprès de Marie-Louise. En 1814, Napoléon partit pour l'île d'Elbe, et Marie-Louise se retira à Vienne. Elle chargea Ballouhey de régler ses affaires à Paris. Il s'acquitta de sa mission avec habileté, avec fermeté et fit rendre aux agents de la Restauration, qui voulaient tout retenir, à peu près tous les objets qui appartenaient en propre à l'Impératrice ou à son fils ; il y en avait pour plusieurs millions.

Pendant les Cent Jours, le prince Eugène chargea Ballouhey de porter d'Allemagne des renseignements précieux sur le plan des alliés, leurs forces et leur plan d'attaque. Ballouhey reçut de l'Empereur un témoignage de haute satisfaction pour l'habileté et le dévouement qu'il avait déployés en cette circonstance. Napoléon s'attendait à partir aux Etats-Unis. Il avait confié le soin de ses affaires en France, à Ballouhey ; son exil à Sainte-Hélène rendit inutile l'intervention de son fidèle serviteur.

Marie-Louise était alors à Parme ; elle fit appel à Ballouhey et le nomma son intendant général, puis son conseiller privé, et lui conféra le titre de chevalier de l'ordre de Saint-Georges. Mais Ballouhey dut suspendre ses travaux. Une maladie très grave, que les travaux excessifs du cabinet avaient rapidement développée, l'obligea de se rendre à Paris pour se confier aux soins de l'habile chirurgien Dubois. Ce dernier lui conserva la vie, mais sans lui rendre la force, ni la santé. Il mourut à Paris le 9 janvier 1846, âgé de 82 ans.

*
* *

Telle est la vie de Ballouhey, peu connue, car il a vécu modeste, sans autre souci que de remplir avec exactitude les fonctions importantes qui lui étaient confiées. Exempt d'ambitions, plutôt ombrageux, il n'aspira ni aux honneurs ni aux distinctions, étranger qu'il était à toute ambition et à toute vanité. Dans la galerie des Francs-Comtois célèbres, ne mérite-t-il pas une place très honorable ?

Mais comment enfin les Livres des Dépenses des Impératrices Joséphine et Marie Louise sont-ils venus en notre possession ?... Voici ce qu'un vieux Graylois m'a conté :

Claude Ballouhey venait chaque année en villégiature dans notre bonne ville. Il habitait une jolie maison, située derrière l'abside de l'église, dont la porte, agrementée de rinceaux fort élégants et les fenêtres surmontées d'un fronton triangulaire à coquille, attirent, à juste titre, les yeux des étrangers qui visitent la cité. Elle appartient d'ailleurs à ses héritiers, les Merciéca. A sa mort, les Registres de Trésorerie des Impératrices furent vendus comme papiers sans valeur à un brocanteur de notre ville. Un jour, le neveu du maire Revon, en trouva un chez un perruquier, qui en voulait faire des papillottes. Très intrigué par l'inscription *Caisse de S. M. l'Impératrice Joséphine*, il s'informa de leur provenance, apprit qu'il y avait encore une demi-douzaine de ces registres, courut dare-dare chez le brocanteur, les acheta et les déposa dans la Bibliothèque où, dûment catalogués et estampillés, ils devaient être désormais à l'abri des figaros et des tripiers de l'avenir.

Ces manuscrits sont-ils précieux ! Il ne faut rien exagérer. Pourtant, ces reliques, d'une époque fameuse, ont leur prix ; et, l'on peut y trouver, sur la vie privée des deux femmes de Napoléon, les détails les plus curieux et les plus piquants. Les divers historiens qui ont prétendu tracer la biographie de Joséphine et de Marie-Louise ont puisé leurs renseignements dans les Mémoires contemporains. Or, les auteurs de ces Mémoires écrivent souvent au gré de leurs amitiés ou de leurs rancunes et manquent à la règle essentielle de l'histoire, qui est l'impartialité. Les plus intéresssnts de ces mémoires, ceux dont la lecture est la plus captivante, ceux de Mme d'Abrantès, de Bourrienne, de Mme de Rémusat, n'échappent pas à ce reproche. L'histoire d'un homme, écrite de son vivant, ne peut être et n'a jamais été qu'un panégyrique, ou une satire.

Nos registres des Comptes ne présentent certes ni le charme d'une relation suivie, ni les grâces du style d'un grand écrivain. Mais ils nous permettent de fonder nos appréciations sur des faits indéniables. « Le style, c'est l'homme, écrit Buffon. » Ne pourrait on pas dire : « Les dépenses, c'est la femme ? » Ne reflètent-elles pas exactement ses goûts, ses passions, son tempérament, son caractère ?... Celles des deux Impératrices nous les font connaître exactement : il n'est besoin que d'examiner avec quelque attention les divers articles de leurs Livres de Dépenses en les rapprochant, en les coordonnant, pour mettre à nu leur âme et se faire par là une idée très nette de leurs sentiments, de leur caractère.

Le premier, le Registre de Caisse n° 1, des recettes opérées et des dépenses effectuées pour les services particuliers de S. M. l'Impératrice Joséphine (ce sont les termes mêmes de Ballouhey, dans une note jointe audit Registre), commence au 1er messidor, an XII (20 juin 1804) et finit au 31 décembre 1808.

Mais avant de l'étudier, il nous faut présenter les deux personnages, et particulièrement l'Impératrice, sur lesquels ils nous fournissent de si nombreux et si utiles renseignements.

Voici d'abord l'acte de mariage de Bonaparte et de Joséphine :

« Du 19e jour du mois de ventôse, an IV (9 mars « 1796), acte de mariage de Napolione Bonaparte, gé- « néral en chef de l'armée de l'intérieur, âgé de 28 « ans, né à Ajaccio, département de la Corse, domici- « lié à Paris, rue d'Antin, n° , fils de Charles Bona « parte, rentier, et de Lætitia Ramolini :

« Et Marie-Joseph Rose de Tascher, âgée de 28 ans, « née à l'île Martinique, dans les îles du Vent, domi- « ciliée à Paris, rue Chantereine, fille de Joseph-Gas « pard de Tascher, capitaine de dragons, et de Rose- « Claire Desvergers de Sanois, son épouse :

« Moi, Charles Théodore-François Leclercq, officier « public de l'état civil du 11e arrondissement du can- « ton de Paris : après avoir fait lecture, en présence « des parties et témoins : 1° de l'acte de naissance de « Napolione Bonaparte, qui constate qu'il est né le 5 « février 1768, de légitime mariage de Charles Bona « parte et de Lætitia Ramolini : 2° de l'acte de nais- « sance de Marie-Joseph-Rose de Tascher, qui constate « qu'elle est née le 23 juin 1767, de légitime mariage « de Joseph Gaspard et de Rose Claire Desvergers de « Sanois ; vu l'extrait du décès d'Alexandre François

« Marie de Beauharnais, qui constate qu'il est décédé « le 5 thermidor, an II, marié à Marie-Joseph-Rose de « Tascher ; vu l'extrait de publications dudit mariage « dûment affiché le temps prescrit par la loi, sans « opposition et après aussi que Napolione Bonaparte « et Marie-Rose de Tascher ont déclaré à haute voix se « prendre mutuellement pour époux, j'ai prononcé « que Napolione Bonaparte et Marie-Joseph-Rose de « Tascher sont unis en mariage et ce, en présence des « témoins majeurs ci-après nommés, savoir : Paul « Barras, membre du Directoire exécutif, domicilié « Palais du Luxembourg : Jean Lencarrois, aide de « camp, capitaine, domicilié rue des Capucines ; Jean « Lambert Tallien, membre du corps législatif, domi- « cilié à Chaillot ; Etienne-Jacques-Jérôme Calmelet, « homme de loi, domicilié rue de la Place Vendôme, « n° 207, qui tous ont signé avec les parties et moi, « après lecture. » *(Suivent les signatures.)*

Le citoyen Charles Théodore-François Leclercq était mal renseigné ; Napoléon Bonaparte n'est pas né en 1768, mais en 1769 et Marie Josèphe-Rose Tascher de la Pagerie avait vu le jour, non pas en 1768, mais en 1763. Cette erreur subsiste toujours dans l'Almanach Impérial. A retenir de cet acte que Tallien et Barras y figurent comme témoins. Le dernier passait pour avoir été l'amant de Joséphine. Au surplus, il mettait dans la corbeille l'épée de général en chef de l'armée d'Italie.

Bonaparte était, à cette époque, un petit personnage : c'était l'être le plus maigre, le plus singulier qu'on pût voir : sa redingote était si râpée qu'on avait peine à croire qu'il fût général ; on le disait très pauvre et fier comme un Écossais ; mais il avait un profil de médaille, une bouche fine et spirituelle les cheveux longs et plats, et surtout un regard profond, d'un éclat extraordinaire.

Joséphine avait encore, malgré son âge, sa grâce ravissante de créole ; mariée en 1779, au fils du Gouverneur de La Martinique, nommé de Beauharnais, elle l'avait quitté. Puis, au bout de quelques années, l'union s'était renouée. Devenu général de la République et jacobin, Beauharnais fut décapité le 5 thermidor, pour sa lenteur à la victoire. Sa femme, arrêtée en même temps que lui, ne dut son salut qu'à un évanouissement qui la prit, au moment où elle apprit l'exécution de son mari. Le 9 thermidor survint, elle était sauvée. Son fils Eugène et sa fille Hortense, qui étaient appelés à de si hautes destinées, avaient été placés chez un menuisier et chez une modiste. Tous deux avaient été fort malheureux. Après le 9 thermidor la fillette, sortie d'apprentissage, entra dans le pensionnat de Mme Campan, récemment ouvert à Saint-Germain.

Joséphine aimait elle Napoléon ? Pourquoi non ! Pourquoi l'aurait elle accepté ? Elle ne se doutait guère, en effet, de la brillante destinée qui l'attendait.

Le lendemain des noces, le général partait pour Nice, pour prendre le commandement en chef de l'armée d'Italie et certains écrivains ont raconté avec complaisance les légèretés de Joséphine. Sans l'excuser, nous dirons que ses belles-sœurs et ses beaux-frères ont exagéré ses torts. Tous avaient vu d'ailleurs ce mariage avec dépit. Et puis, c'étaient les mœurs du Directoire, et sans doute la fréquentation de Mme Tallion, la fameuse Thérézia Cabarrus, fut des plus fâcheuses pour la future impératrice.

« Mme Tallien, Mme de Beauharnais, Mme Récamier, écrit Arsène Houssaye, vêtues, comme on disait alors, pour l'amour de Dieu, tant elles avaient l'air de se déshabiller pour entrer dans un salon, gardaient au

JOSÉPHINE
Née le 24 Juin 1761 ; Morte le 27 Mai 1814.

bras une clamyde. Dès que les violons chantaient le signal, on les voyait gravement s'élancer sur le théâtre de leur grâce, et armées de ce tissu léger, comme on disait au temps des périphrases, elles prenaient les attitudes les plus voluptueuses et les plus chastes par leur manière de se draper. Tantôt le tissu léger était un voile qui cachait l'amoureuse, tantôt c'était une draperie pour défendre la pudeur effarouchée : tantôt c'était une ceinture de Vénus que nouait la main des Grâces et que dénouait la main de l'Amour.

Jamais l'Opéra n'avait donné de pareilles fêtes ; les Sainval et les Goutat s'avouaient vaincues par ces comédiennes du théâtre universel. Aussi combien de fois Mme Tallien, Mme Récamier, Mme de Beauharnais furent-elles emportées à demi mortes dans le boudoir voisin, avec le flot doré des spectateurs enthousiasmés ! »

Il n'est pas défendu de croire que Bonaparte, qui fréquentait chez Tallien et chez Barras, se laissa charmer par le spectacle que donnait la jolie créole : il avait alors en amour la naïveté et l'inexpérience d'un collégien !

Dans tous les cas, Joséphine devait lui porter bonheur : tant qu'il fut son époux, la fortune lui prodigua ses faveurs. Après le divorce, c'est la défaite, la perte du trône, l'exil lointain, la déchéance et la mort.

* * *

Les Registres des Comptes de l'Impératrice Joséphine conservés à la Bibliothèque de Gray sont au nombre de quatre : deux portent sur le plat, en belle et grande écriture anglaise, cette mention : *Cassette de Sa Majesté l'Impératrice Joséphine* et les deux autres : *Caisse de S. M. l'Impératrice Joséphine.*

Des Parisiens de marque, mobilisés à Gray pendant la dernière guerre, M. le docteur Paul Labbé, professeur à l'Ecole de médecine, le docteur Ripault, petit-fils du bibliothécaire de l'Empereur ; le commandant Perchet, bibliothécaire de l'École de guerre ; le père Charles, professeur agrégé au Collège Stanislas ; des conseillers à la Cour des Comptes, des artistes, auxquels je les montrais, surpris de les voir en notre possession, me déclaraient que leur place était à Paris et non pas dans un petit trou comme Gray. « Nous les avons, Messieurs, ai-je répondu, et nous les garderons envers et contre tous ». Mais personne, je pense, n'aura l'idée de nous les réclamer.

Dans les Registres de la Cassette, sont inscrites et presque exclusivement, toutes les sommes versées par Ballouhey pour les pensions, les secours, les gratifications, en même temps que les fonds reçus de M. Estève, trésorier général de la Couronne, pour solder ces dépenses.

Le premier Registre commence le 7 brumaire an 13 (29 octobre 1804), par un don de 500 francs à des familles indigentes ; le deuxième est ainsi libellé : « Payé à M. Dubois, préfet de police, par ordre de S. M. l'Impératrice, pour distribuer à l'Hôtel de la Maternité, 10.000 francs : article 9, versé à Mme veuve Maillard, nourrice de Louis XVI, 600 livres, ci 592 fr. 50. Le 18 frimaire, même année, Mme veuve Collot d'Herbois reçoit 100 livres « sur la pension de 1.200 livres que lui fait Sa Majesté ».

Le même jour, Ballouhey paie « à M. Dieudonné de France pour un mois de la pension de 96 francs par mois que lui fait S. M. l'Impératrice, 94 fr. 81. »

Joséphine, on le voit, est éclectique ; elle donne des deux mains, aussi bien à la femme d'un révolutionnaire qu'aux membres de l'ancienne noblesse. Elle donne sans compter ; voyez, les trois premiers articles du Registre font un total de 11.500 francs et elle ne reçoit du trésor pour ses libéralités que 6.000 francs par mois ! Quel que soit le jugement qu'on puisse porter sur l'Impératrice Joséphine, on ne saurait nier qu'elle eût un cœur excellent : sa charité était inépuisable. L'Empire vient à peine d'être établi : le service financier de la Couronne n'est pas encore organisé (et la preuve, c'est qu'elle ne touche que le 1er nivôse son premier trimestre de 18.000 francs) qu'elle s'empresse de faire d'abondantes largesses.

En vain la duchesse de la Rochefoucauld, chargée du contrôle des dépenses de l'Impératrice, essaie de les restreindre. « La dépense excédant (*sic*) la somme ac-
« cordée pour 1808, pour le service de la Cassette, je
« n'arrêterai et ne viserai aucun des états ci-dessus
« autres que ceux des pensions annuelles accordées
« par S. M. l'Impératrice que lorsque la dépense sera
« en rapport avec la recette. Ce 5 mars 1808. Signé :
« de La Rochefoucauld ».

Joséphine s'inquiéta fort peu de la menace ; elle continua de plus belle de distribuer et les secours, et les pensions. Et nous ne saurions l'en blâmer : ces secours, ces pensions, vont surtout aux membres de l'ancienne noblesse, dont la plupart, à leur retour d'exil, se trouvaient dans le dénuement le plus complet. Napoléon d'ailleurs l'encourageait, la pressait, dans une intention intéressée à vrai dire, de leur venir en aide.

Des femmes presque exclusivement sont les bénéficiaires des pensions servies par Joséphine ; les secours vont aussi à des femmes : sans doute étaient elles plus hardies à les solliciter.

Les pensions allaient de 3.600 à 144 francs : Mme de Montmorin touchait 3.600 francs par an ; une dame

Duplessis, 3.000 francs ; Mme Tascher, religieuse, 2.500 francs ; Mmes d'Aremberg et Baruel chacune 1.800 francs : les plus nombreuses se montaient à 1.200 francs ; celles de Mmes Bongars de Massiac, de la Roche-Lambert, de Signemont de la Rochefoucauld-Bayers, Cauvet O., Gorman, de Chauvaud, de Taubenheim, de Ceconni, Cazotte, de Bardel, Elisabeth Stowers, de l'abbé de Mondot entre autres ; Mme de Villers-Vaudey, Mme de Chassy, Mme de Maillé de Brézé, avaient 1.000 francs : 800 francs, Mme de Grasse ; 600 francs, Mlle de Lannoy, Mmes d'Agoult, de Villefort, M. de Canillac, Mmes d'Héricourt, de Mauger, de Milou, MM. Cazotte fils et Gremillet dit Carra, Mme de Bligny, de Montiellé, d'Agoult, de Villars, M. Auber père, l'abbé de Goyon, Mmes Polastron de La Tour, de Luynes des Fontenelles : Mmes Baron de Launay, de Pardaillan, émargeaient pour 480 fr. ; Mme de Cercy, 400 francs ; Mme de Giovanni, 300 francs ; Mme Crépin, 192 francs ; Mlle Provost, 168 francs : Mme Carré, veuve Dubreuil, 144 francs.

Il eût été fastidieux de citer tous les noms dont la plupart sont inconnus ; Ballouhey, en intendant consciencieux, avait fait établir (il n'est pas de son écriture) un répertoire alphabétique de tous les pensionnaires de l'Impératrice, avec leur adresse dans Paris. Malheureusement, leur profession n'est pas indiquée et dans de telles conditions il est bien difficile de les identifier. Certains, pourtant, appartiennent à l'histoire : Mme Baruel de Beauvert, femme de ce personnage comique qui avait mis tout en œuvre pour arriver à la célébrité et s'était offert comme otage de Louis XVI après la fuite à Varennes : la veuve de M. de Pardaillan, petit-fils de Mme de Montespan : Mme Maillé de Brézé, d'une ancienne famille de Touraine, dont l'un de ses membres, Urbain Maillé de Brézé, avait épousé la sœur de Richelieu : une des filles était devenue la femme du Grand Condé ; Mme de Guerchy, veuve de l'ancien ambassadeur à Londres, qui eut de si vifs démêlés avec ce personnage énigmatique dont on ignore le sexe, le chevalier ou la chevalière d'Eon : Mme de Montmorin, femme du ministre de Louis XVI qui périt dans les massacres de Septembre : Mme de Tascher-Bordeaux, Mme de Pommereuil, veuve du général, plus connu comme historien et directeur de la librairie.

L'une d'elles mérite une mention particulière : c'est Mme de Villers-Vaudey, une comtoise. « C'était la fille de Michaud d'Arçon, qui inventa les batteries insubmersibles du siège de Gibraltar, fournit les plans de la campagne de Hollande en 1793, prit Bréda et devint sénateur de l'Empire. Son mari, M. Barberot de Vellexon, seigneur de Vaudey, capitaine dans le Royal Bourgogne, sortait d'une famille d'Alsace, fixée à Gray, dans le XVe siècle. Fort belle personne, pétillante d'esprit, très intrigante, chantant à merveille, elle avait été nommée dame du palais, en juillet 1804. Distinguée par Napoléon ; elle s'avisa d'exciter la jalousie de l'Impératrice, s'endetta comme elle, mena un train de princesse. Napoléon paya ses dettes une première fois ; elle recommença si bien qu'il dit à Duroc ; « Je n'ai ni assez d'argent, ni assez de bonhomie pour acheter si cher ce qu'on trouve à si bon marché : remerciez Mme de Vaudey des bontés qu'elle a eues pour moi et

2

ne me reparlez plus d'elle. Plus tard, elle proposa à M. de Polignac de tuer Napoléon : aveugle et indigente elle fournit au libraire Ladvocat les Mémoires d'une dame du Palais. Elle mourut folle et fort misérable. » (1)

*
* *

Les secours distribués au nom de l'Impératrice atteignirent parfois un chiffre double de celui des pensions : ceux qui vont à des collectivités, communes, hôpitaux, orphelins, sont les plus importants : c'est ainsi qu'elle fait adresser au Préfet des Vosges 1.500 francs, premier quart de secours de 6.000 francs destinés aux sinistrés de Châtillon ; qu'elle rembourse 2.852 fr. 33 au général Harville qu'il avait versé à des indigents, lors du voyage d'Italie, à titre de secours ; le curé de N.-D. de Lorette reçoit 500 francs pour être répartis parmi les pauvres de la paroisse ; au curé et au maire de Rueil, à l'un 200 francs, à l'autre 1.500 francs pour être distribués aux pauvres honteux.

Les secours aux particuliers sont moins importants ; on trouve cependant des sommes de 1.200 francs à Mme Boyvin-Haudancourt, même somme aux orphelins Archambault, 1.000 francs à Mme Marco Saint-Hilaire, mais c'est l'exception : Ballouhey verse le plus souvent des sommes de 100 francs, de 80, de 40, de 50, de 30, de 25, de 12 et même de 6 francs ; quelques noms des personnes ainsi secourues, presque toutes des femmes également : Mme de Rivolle, la femme

(1) Frédéric Masson, *Napoléon et les femmes.*

Gohier, la veuve de Dalmatz, Mme de Saint-Ange, Mme Marco Saint Hilaire, Mme d'Héricourt, Julie Saladin, Mlle Tallien, Mmes de Montagne, Roujol de la Crave ; le Père Tardif touche 12 francs ; on trouve encore Mmes de Beaujeu, de Bongars, d'Halluin de Montalet, MM. le comte d'Hovéczki, de Wolteliny, de Druez, de Chavigny, de Montalet, Félicité de Bruc, de la Motte-Berthomé, Bernard Calonne, de Thall, de Bligny, de la Béraudière, Mmes de Neuvrillez, de Brillac, de Loyaulté, d'Oberville de la Grange, de Rider, de Cesselès, de Montulé, d'Hérault Auchelon, ex-bénédictin, etc., etc. Certain personnage reçoit une pièce de 6 francs ; fallait-il que ces malheureux eussent faim pour accepter de si minimes aumônes !

Et pourtant le total de ces libéralités est assez coquet : du 1er vendémaire an 13 (26 septembre 1804) jusqu'au 31 décembre 1809, l'Impératrice a dépensé par ses largesses 923.803 fr. 24 centimes, soit environ 160.000 francs par an, car il faut déduire de ce chiffre quelques milliers de francs affectés au traitement de plusieurs personnes attachées au service de l'Impératrice et qui figurent, je ne sais pourquoi, au milieu des pensions, des secours, des gratifications des deux registres de la Cassette : Duplan, coiffeur de Sa Majesté, a un traitement de 12.000 francs ; Prudhon, de 6.000 francs ; Mme Annette Delihu, cantatrice, de 4.800 francs ; Halma, le bibliothécaire, de 3.500 francs ; Tobias Kœn, pédicure, 1.200 francs ; un coiffeur, 12.000 francs ! un bibliothécaire, 3.000 francs !... Ceci, je l'avoue, altère la bonne impression que j'avais éprouvée en constatant les inépuisables charités de

l'excellente Joséphine : Duplan, coiffeur, 12.000 francs ! Prudhon, peintre, 6.000 fr. ? Qu'en dis-tu Willette, mon vieux condisciple, mon fidèle ami ?...

Malgré tout, je ne peux m'empêcher d'admirer l'Impératrice dans ses prodigalités : être prodigue pour secourir l'infortune est très rare et d'autant plus méritoire !

* * *

Il ne semble pas que Marie-Louise se soit montrée aussi généreuse que Joséphine. Elle avait intérêt cependant à ne pas faire regretter la première épouse de Napoléon ; mais lors même que son tempérament l'aurait poussée à répandre ses largesses autour d'elle, il ne lui eût plus été possible de le faire. Un M. Boyvin d'Hardancourt était chargé d'instruire les demandes de secours adressées à l'Impératrice et Reine, et Ballouhey ne payait qu'avec l'autorisation de la duchesse de Montebello.

Les Registres consacrés aux dépenses de Marie-Louise ne comportent aucune indication sur le plat ; au dos, deux lettres dorées, caractères romains, M. L. ; ils sont recouverts de peau verte, mais moins élégants que ceux de l'Impératrice Joséphine. Ils contiennent toutes les dépenses, qui se ramènent à quatre reprises. Toilettes, dépenses particulières, cassette et dépenses extraordinaires. Nous ne nous occuperons que des dépenses de la Cassette : c'est-à-dire de celles qui ont pour objet les traitements, les pensions, les secours et les gratifications.

Marie-Louise a servi très peu de pensions : Mme

Baltan, première femme de Sa Majesté, est inscrite pour 1.500 francs : M. Dutertre, ancien officier, 1.200 francs ; Mlle de Lépine, 1.200 francs ; M. Féron, 600 francs ; M. Bolzé, pour 600 francs ; M. de Rougé, pour 400 francs ; l'abbé Cotret, pour même somme ; le sieur Carey, pour 300 francs ; c'est à peu près tout. En revanche, les gens secourus sont légion : peu connus pour la plupart, en majorité, ou gens du peuple, quelquelques nobles pourtant : les sommes allouées aux particuliers ne dépassent pas 1.200 francs (Mme Chavanne de Saint-Mars) et ne vont pas au-dessous de 100 francs. Je note encore que nous trouvons parmi eux très peu de ceux qui bénéficiaient des largesses de Joséphine ; quelques noms : M. Schonendall d'Arimont, M. de Séqueville, Mme du Klasten, Mme La Seine Desmaisons, M. Coyon, Mmes de Morsan, de Luyne, de Mommonier, M. de Fougy, Mme de Broglie, Mme Bussy-Rabutin, M. de Pezay, Mme de Gercy, Mlle Adèle de Ponthieu, Mme de Chavigny, M. de Rivarol, Mme la baronne de Beaumont, Mlle de Ghendt. Mélanie de Boileau, Mme Trublaine de Candy, M. Bernard, ancien instituteur, Mme de Canillac, Mme de Druez, Mmes d'Ecragnolles, Carman Saint-Etienne, Mme de Grimaldi, Mmes Bataille, de Fongi, Monnort, de Planchon, de Longpré. M. Capmos, l'abbé de Bassinot, da Sylva Treyve, MM. de Vienne, Jujardy de Gonville, Mme de Ségur-Boirac, M. Schonendal d'Aumont, M. de Sartrouville.

Il faut s'arrêter : un numéro de l'*Illustré* suffirait à peine pour contenir tous ces noms qui, a très peu d'exceptions près, ne nous rappellent rien d'intéressant au point de vue de l'histoire.

Il faut retenir cependant plusieurs mentions piquantes, celles-ci entre autres : « Payé à MM. Scherer et Feuqueslin, banquiers à Paris, pour M. de Sommer, conseiller aulique à Vienne, 4.553 fr. 29 centimes pour les pensions que fait S. M. aux personnes qui ont été attachées à son service à Vienne ». Et cette autre : « 22.800 francs à Isabey, pour les portraits de la famille impériale d'Autriche ». Marie-Louise se montre très large dans les gratifications qu'elle octroie aux personnes de son entourage, Mme Rousseau, sa maîtresse de broderie, a un traitement de 4.000 francs ; le sieur Laborde, son maître d'hôtel, comme gratification, 2.000 francs ; 2.000 aussi Mme Auchard, nourrice du roi de Rome ; M. Bichot, inspecteur des théâtres de la cour, 400 francs ; Albertini, fille de la garde-robe, 1.200 francs : Dumoustier, huissier de cabinet, 600 francs ; le 27 avril 1810, M. Debove, curé de Compiègne, touche 1.000 francs pour ses pauvres ; un sieur Gibon, 1.000 francs pour secours à des prisonniers.

Le 20 avril 1811, on donne à l'Église, 13 napoléons pour être mis au cierge qui a servi aux relevailles de Sa Majesté. On trouve d'autres articles ainsi libellés, 30 et 31 juillet 1810 : Payé à divers, à titre de secours, 7.200 francs et le 14 août même année 8.750 francs ; le 18 mai 1811, 8.000 francs pour les indigents de Cherbourg. L'Impératrice fait également de nombreux cadeaux de parures, des fleurs, des bijoux, des objets de mercerie et elle dépense de grosses sommes pour cet objet.

En résumé, pendant les années 1810 (à partir du 1er avril 1810 où commence le Registre, jusqu'au 11 décembre 1814, où la comptabilité a cessé), Marie-Louise a consacré aux soulagement des malheureux : en 1810, 100.000 francs ; 120.000 francs en 1811, 160.000 francs en 1812, 117.000 francs en 1813 et seulement 63.353 fr. en 1814, au total 565.353 fr. 92 centimes.

Quels qu'aient été les défauts ou les fautes qu'on peut reprocher aux deux femmes de Napoléon, elles ont eu le mérite d'être bonnes et constamment charitables. L'argent qu'elles consacraient aux bonnes œuvres ne leur coûtait pas cher, nous objectera-t-on. D'accord, mais elles auraient pu le dépenser follement sans en faire profiter les humbles, les déshérités. Un historien se doit de le constater et de leur accorder sur ce point un juste tribut d'éloges.

***

« Napoléon, énumérant tout ce que pouvait avoir « reçu l'Impératrice Joséphine, concluait qu'avec un peu « d'ordre et de régularité seulement, elle aurait dû lais- « ser peut-être 50 à 60 millions. » Cette assertion de Las Cases, dans le *Mémorial de Sainte-Hélène* (édition de 1823, tome VII, page 151), émut les héritiers de l'Impératrice, et, le comte de Lavallette, aussi bien dans l'intérêt de la vérité que pour donner satisfaction à la famille de l'Impératrice, demande à l'intègre Ballouhey d'établir le compte exact des sommes qu'avait touchées l'Impératrice Joséphine. Celui-ci était le seul capable en effet de fournir ce renseignement, puisqu'il

Majesté L'Impératrice. Dépenses.

An 13.		Brumaire an 13.	Pensions		Secours	
Mois de brumaire	7	Remis à Mad. [illegible] de Sa Majesté [illegible]			400	
	8	Payé à Mr. [illegible] par ordre de S. M. l'Impératrice pour [illegible]			10000	
	9	[illegible] à Mad. [illegible] par ordre de S. M. l'Impératrice			1000	
	[illegible]	Payé à Mme [illegible] pour autant qu'il avait compté [illegible] par ordre de S. M. £ 360	355	56		
	[illegible]	[illegible] pour autant qu'il avait payé à Mlle Bougarel par ordre de S. M. l'Impératrice £ 68.			67	41
	[illegible]	Payé à Mr [illegible] Debray par ordre de S. M. 600.			592	59
	[illegible]	Idem à Mad. Goyon aussi par ordre de S. M. 300.			296	30
	20	Idem à Mad. veuve [illegible] nourrice de Louis XVI, aussi par l'ordre de S. M. l'Impératrice [illegible]			592	59
	28	Payé à Mr Martin Le Nueith, Capitaine de Navire par l'ordre de S. M. l'Impératrice			189	63
			355	56	13218	52
Mois de frimaire		Frimaire an 13.				
	4	Payé à Mad. Barrel contre le reçu de Mr [illegible] par ordre de S. M. l'Impératrice			493	83
	6	Payé à Madlle Pauly par ordre de S. M. 200.			197	53
	12	Idem à Mons. [illegible] aussi à titre de bienfait 300.			296	30
	[illegible]	Idem à Mad. Colly [illegible], pour le mois de brumaire de la pension de 1200 f. que lui fait S. M. l'Impératrice	100			
	[illegible]	Payé à Mme [illegible] de France, pour un mois de la pension de 96 f. par mois que lui fait S. M. l'Impératrice	94	81		
	21	Idem à Mad. Crépin pour 3 mois de la pension de 192 f. que lui accorde S. M. et qui échoient au [illegible]	48			
	[illegible]	Idem à Madlle [illegible] pour un mois de la pension annuelle de 960 f. que lui fait S. M. pour le mois de frimaire	79	03		
	[illegible]	Payé à Mad. Durand [illegible], à titre de bienfait par ordre de S. M. l'Impératrice 146 f.			142	23
	22	Idem à Mad. Euphémie, femme Lefebvre, à titre de don par ordre de S. M. et contre le [illegible]			4000	
	24	Remis à S. M. l'Impératrice 2000 f. dont 1000 f. pour [illegible] qui a refusé de se marier pour rester près de sa [illegible] et les autres 1000 f. ont été employés par S. M. l'Impératrice en œuvres de bienfaisance			2000	
			321	82	7129	[illegible]

UNE PAGE DU LIVRE DE CO[...]

Quel document curieux et piquant, cette page du livre de comptes de Josép[...]
l'« usurpateur », secourir d'une somme [...]

		DÉPENSES			
		Pensions		Secours	
	Brumaire an 13				
An 13 *Mois de brumaire*	1. Remis à Mme de Vaines contre un mandat de Sa Majesté pour des familles indigentes	»	»	500	»
	8. Payé à M. Dubois, préfet de police, par ordre de S. M. l'Impératrice pour distribuer à l'hospice de la Maternité	»	»	»	»
	9. Payé à Mme Ceconi, par ordre de S. M. l'Impératrice	»	»	10.000	»
	9. Payé à M. Douville pour autant qu'il avait compté au sieur Dieudonné de France, par ordre de S. M. (360 fr.)	355	56	1.000 »	» »
	9. Au même pour autant qu'il avait payé à Mlle Bourgars par ordre de S. M. l'Impératrice (48 fr.)	»	»	47	41
	9. Payé à M. Durand Debray par ordre de S. M. (600 fr.)	»	«	592	59
	9. Payé à Mme Goyon, aussi par ordre de S. M. (300 fr.)	»	»	296	30
	20. Payé à Mme veuve Mallard, nourrice de Louis XVI, aussi par ordre de S. M. l'Impératrice (600 livres)	«	»	592	59
	28. Payé à M. Martin La Neuville, Capitaine de Navire, par ordre de S. M. l'Impératrice	»	»	189	63
	Frimaire an 13				
Mois de frimaire	4. Payé à Mme Barruel, contre le reçu de M. Mogé par ordre de S. M. l'Impératrice	»	»	403	83
	6. Payé à Mlle Pauly, par ordre de S. M. (200 fr.)	»	»	197	55
	18. Payé à M. Coudet aussi à titre de bienfait (300 fr.)	»	»	296	30
	18. Payé à Mme Collot d'Herbois, pour le mois de brumaire de la pension de 1.200 fr. que lui fait S. M. l'Impératrice	100	»	»	»
	18 Payé à M. Dieudonné de France, pour un mois de la pension de 96 fr. par mois que lui fait S. M. l'Impératrice	94	81	»	»
	21. Payé à Mme Crépin pour 3 mois de la pension de 192 fr. que lui accorde S. M. et qui échoiront au 30 frimaire courant	48	»	»	»
	21 Payé à Mlle Saint pour un mois de la pension annuelle de 960 fr. que lui fait S. M. pour le mois de frimaire	79	01	»	»
	21 Payé à Mme Durand-Créole, à titre de bienfait par ordre de S. M. l'Impératrice (144 fr.)	»	»	142	22
	22 Payé à Mme Euphasie, femme Lefèvre, à titre de don, par ordre de S. M. et contre le mandat de Mme Lavalette	»	«	4.000	»
	21 Remis à S. M. l'Impératrice 2.000 fr., dont 1.000 fr. pour une fille qui a refusé de se marier pour rester auprès de ses parents et les autres 1.000 fr. ont été employés par S. M. l'Impératrice en œuvres de bienfaisance	»	»	2.000	»
		321	72	7.129	39

DE L'IMPÉRATRICE JOSÉPHINE

r laquelle on voit l'humble créole, devenue impératrice par son mariage avec
ancs 59 l'ancienne nourrice de Louis XVI.

avait conservé les registres de comptabilité, ceux-là mêmes qu'il devait léguer à la Bibliothèque de la ville de Gray. (1)

« Il était alloué à l'Impératrice, sur le budget com-
« mun de LL. MM. 480.000 francs, payables par dou-
« zième, 30.000 francs pour la toilette et les dépenses
« de Sa Majesté et 10.000 francs à sa cassette de pen-
« sions et aumônes. Cette dernière somme étant pres-
« que toujours insuffisante pour subvenir aux nom-
« breux bienfaits accordés par l'Impératrice, cette
« princesse était donc obligée de *prélever sur les 30.000*
« *francs destinés à sa toilette l'excédent du service de la*
« *cassette.* » Je souligne cette mention et la livre aux méditations de certain biographe malintentionné, qui, avec un parti-pris de dénigrement, énumère avec complaisance les défauts de Joséphine et ne lui reconnaît absolument pas de qualités. « Plus les secours qu'elle
« accordait à un grand nombre de colons, etc., pres-
« que entièrement à sa charge, dont elle faisait élever
« les enfants dans divers pensionnats ; plus enfin, les
« sommes affectées au paiement des objets d'art et de
« tout ce qu'elle avait acheté dans le mois, pour distri-
« buer en cadeaux de toute espèce...

« En résultat (lisez : en résumé), il a été touché pour
« le compte de S. M. l'Impératrice Joséphine, pendant
« environ sept ans, une somme de 5.354.435 fr. 44,
« savoir :

« Par M. Duménil, pendant l'an XI et les douze pre-

---

(1) Sur une feuille détachée et de l'écriture de Ballouhey, on lit : « Sa Majesté l'Impératrice Joséphine, 4 registres conservés pour renseignements, tous les autres ont été anéantis.

« miers mois de l'an XII, suivant un compte dont j'ai « le double, approuvé par M. Estève, alors Trésorier « général de la Couronne, 960.841 fr. 92. Et par moi « soussigné, depuis le 1er messidor de l'an XII (20 « juin 1804) jusques et y compris l'année 1809, une « somme de 4.393.593 fr. 52, savoir :

« Au Trésor de la Couronne, pour le service de la « toilette et de la garde-robe de l'Impératrice, pour dé- « penses antérieures à son avènement au trône, pour « dépenses extraordinaires pendant les voyages de Sa « Majesté, y compris dons, cadeaux, indemnités de « voyages accordées pour divers, de même que pour « dépenses imprévues, etc., etc.... 3.231.864 fr. 75

« Idem pour le service de la cassette des pensions, secours divers etc., accordés par S. M. dans ses diverses résidences, ainsi que pour différents bienfaits, pendant ses voyages, tant en France qu'à l'étranger......................	925.307	12
« Touché au Trésor de la Couronne......................	4.157.171	87
« De plus, reçu au Trésor public pour les semestres de rente de S. M. 5 °/₀ et à la Banque de France pour dividendes d'actions de banque..................	201.626	65
« Et, en outre, reçu de divers pour plusieurs objets cédés par S. M......................	34.795	»
« Total général.........	5.318.900 fr.	64

Et Ballouhey termine : « Le résumé ci-dessus est « constaté par des comptes dûment arrêtés et qui « prouvent jusqu'à l'évidence que l'Impératrice ne fai- « sait point d'économies. Il est d'ailleurs bien connu « qu'il entrait dans les goûts de Sa Majesté d'être plus « grande et plus généreuse encore que ses moyens ne « le permettaient... J'aurais désiré faire dater ces ren- « seignements, pour Mme la duchesse de St-Leu, du « mariage de son auguste mère ; mais je ne possède « pas les documents nécessaires à cet effet : d'ailleurs, « ils eussent été peu utiles, puisque pendant cette pé- « riode l'Impératrice touchait bien moins de fonds « qu'après son avènement au trône. »

La lettre de Ballouhey est du 16 mai 1827, immédiatement le comte de Lavalette fit une démarche auprès du comte de Las Cases, qui fit disparaître du *Mémorial* l'erreur dont il s'agissait, dès qu'elle lui eût été démontrée ; l'exagération de 50 à 60 millions fut supprimée et, dans l'édition de 1840 de Magen et Comon, dont un exemplaire avec cette dédicace : « A l'excellent, au digne M. Ballouhey, par le comte de Las Cases, Passy, 28 nov. 1840 » lui fut adressé, on peut lire que « l'Impératrice aurait dû laisser des millions », Ballouhey se contenta de cette rectification ; le comte de Lavalette, le général Tascher de la Pagerie, le lieutenant-général marquis de Beauharnais, au nom de la famille, le chargèrent même d'adresser leurs remerciements à M. le comte de Las Cases « pour son procédé délicat envers la mémoire de l'Impératrice Joséphine. »

Les parents de l'Impératrice ne pouvaient demeurer indifférents sur ce point qui ternissait sa mémoire, si l'on pouvait la supposer capable d'avoir dissipé 50 ou 60 millions. Cette imputation pouvait retomber sur eux-mêmes, accusés, devant l'Histoire, d'avoir recueilli le fruit de ces prodigalités.

⁂

Ainsi, Sa Majesté l'Impératrice Joséphine, aurait pu économiser des millions ; ainsi, l'Impératrice a gaspillé des millions. Grâce à l'intendant modèle que fut Ballouhey, le chiffre de ses prodigalités nous est connu : en sept ans, elle a dépensé moins de 6 millions, exactement 5 millions 354.435 fr. *44 centimes*. Et, vous avez bien lu que, dans cette somme, figurent des semestres de rente 5 °/₀ et des dividendes de la Banque de France, parconséquent toutes les ressources dont pouvait disposer Joséphine ; quelles économies aurait-elle bien pu faire là-dessus ?

D'aucuns pourront trouver que dépenser 765.000 francs par an est exagéré : pour la souveraine d'un grand peuple, ce n'est pas notre avis. L'empereur Napoléon prétendait avoir eu dans les caves des Tuileries *400 millions en or*, qui étaient si bien à lui qu'il n'en existait d'autre trace qu'un petit livret dans les mains de son secrétaire particulier. Il disait avoir fait entrer en France *plus d'un milliard de monétaire*.

Et l'on voudrait que sa femme eût mené la vie d'une petite bourgoise ! Elle a empêché de moisir dans les caves quelques-uns de ces millions : elle les a employés à secourir l'infortune, à faire prospérer notre industrie nationale, à encourager les artistes et les savants, à propager autour d'elle le luxe et le faste : qui peut bien l'en blâmer ?

Son illustre époux lui reprochait parfois ses prodigalités ; mais de quoi se plaignait-il ? Lui-même la voulait voir vêtue de robes somptueuses, parée de bijoux précieux. Comme son goût pour la toilette avait toujours été très vif, en ceci du moins elle lui obéit avec plaisir.

« Je veux que vous receviez, disait-il en 1807 aux « maréchales, aux princesses, aux duchesses encore « bien gauches ; soyez grandes et point mesquines « dans vos dépenses pour vos habits, votre maison, « votre ameublement. »

Et c'est ainsi qu'à l'inventaire de 1809, on inscrit 202 robes d'été en batiste, en mousseline et en percale, valant de 500 à 2.000 francs, et 33 d'hiver, robes de satin lilas, de satin chamois, de satin blanc, avec des redingotes en velours noir, vert, jaune, enfin de toutes les couleurs ; avec cela des garnitures d'hermine et des ceintures d'or, des médaillons, des boutons et des glands en saphirs ou en perles fines.

On pense bien qu'en achetant sans cesse robes, chapeaux, chemises et tous les objets de toilette, l'Impératrice finissait par en posséder une collection considérable. Mais de temps en temps, elle en mettait à la réforme : en 1809, elle possédait 676 robes, elle se défit de 441 ; elle aimait donner, elle était généreuse, et notez qu'elle ne se défaisait pas seulement de ce qui était démodé, mais même des objets tout neufs qui ne lui plaisaient plus ; ses belles-sœurs, qui la détestaient, ne dédaignaient pas ses robes ; Madame Mère s'en paraît elle-même ; les dames de sa suite en recevaient également qu'elles revendaient ; et Joséphine ne fut pas peu surprise en voyant à Mayence, pendant le séjour qu'elle y fit en 1806, des princesses allemandes vêtues de ses défroques venir lui faire la révérence.

Et puisque j'ai parlé de Mayence, on me permettra, je l'espère, une digression. J'ai visité, le 5 mai 1921, jour anniversaire de sa mort, la chambre de Napoléon qui, jusqu'à ce jour, est restée garnie des mêmes meubles qu'au moment où il l'occupait. Le général Degoutte, commandant en chef de l'armée d'occupation, l'avait fait ouvrir au public et, le lendemain, le *Mainzer Journal* (Journal de Mayence) disait combien la population avait été sensible à cette attention, le grand duc de Hesse n'en ayant jamais permis l'accès à ces sujets. Les habitants de Mayence, en effet, sont idolâtres de Napoléon. Le matin de ce même jour, 5 mai 1921, j'avais assisté sur la Hallplatz à une revue de la garnison. En voyant superbement défiler les artilleurs, les chars d'assaut, les cuirassiers, les tirailleurs précédés de leur *nouba*, en songeant que 50 ans auparavant, jeune lycéen de dix ans, j'avais la rage au cœur, vu le général Manteuffel passer la revue des troupes prussiennes sur la place Darcy, à Dijon, j'étais d'autant plus ravi que j'étais à peu près sûr d'être le seul des assistants à avoir assisté, à un demi-siècle d'intervalle, à ce double spectacle : c'est là un des plus beaux jours de ma vie !

*
* *

Le fournisseur habituel de Joséphine pour les robes et les cotsumes était Leroy ; c'était aussi le plus favorisé ; le 30 frimaire an 13, il figure avec Raimbaud, son associé, pour 7.000 francs pour les objets qu'il a fournis en vendémiaire ; pour 6.913 francs 53 pour le mois de frimaire.

Le 12 pluviose, l'Impératrice vérifie le registre de comptabilité, l'approuve et signe *Joséphine* ; le 24 prairial, on verse aux mêmes 2.025 francs à valoir sur le montant des objets qu'ils ont fournis ; de ces acomptes, nous en trouverons constamment pour les principaux fournisseurs ; en voici la raison : Dans chacune de ses nombreuses résidences, même passagères, il y avait une salle spéciale pour reçevoir les fournisseurs ; ceux-ci y venaient nombreux et présentaient à l'Impératrice leurs plus récentes, leurs plus charmantes créations. Elle, toujours tentée, achetait sans même demander le prix ; et comme son budget était fixe, elle était obligée, ou du moins son intendant était forcé de verser seulement des acomptes, pour leur faire prendre patience Mais, à certain moment, les dettes devenaient criardes et il fallait payer. L'Impératrice avouait à Napoléon le déficit, celui ci ordonnait à l'Intendant de la Couronne de payer la somme nécessaire pour désintéresser les créanciers, après avoir fait une scène à sa trop prodigue épouse. Comme il savait qu'elle se laissait voler par tous ces marchands avides et malhonnêtes, il opérait de fortes réductions sur leurs comptes ; mais Joséphine ordonnait souvent de verser ce qu'on avait rogné sur leurs notes par trop exagérées ; « Le 30 prairial, payé à M. Le Roy, marchand de modes, savoir : 900 francs pour solde du montant des objets fournis en nivose et 2.316 francs pour la réduction qui ıvait été faite sur son mémoire et que Sa Majesté a lepuis ordonné de payer » ; il touche encore, le 7 nessidor, 4.050 fr. (4.000) ; le 10 thermidor, 8.453 8.438 fr. 64) ; le 13, 2.000 ; le 28. 5.000 d'un côté et ..066 fr. 66 de l'autre ; le 15 fructidor, 20.000 francs ; e 29, 1.900 francs ; en germinal, 3.037 fr. 10 ; en loréal, 8.100. Napoléon accorde 650.000 francs pour older l'*ariéré*. Le Roy encaisse 146.846 fr, 71 et Raimıaud 19.788 fr. 16 ; et les sommes que je relate sont eulement pour l'an 13 et les trois premiers mois de an 14. Il serait fastidieux de noter mois par mois les ommes encaissées par le grand fournisseur ; elles ıontent à plus de 750.000 francs, et le pauvre homme 'était pas satisfait ! « Un jour, dit Napoléon, il osa m'entreprendre, moi à qui, certes, on ne mangeait pas dans la main : il fit ce que personne n'aurait osé tenter : il se mit à me démontrer fort abondamment que je ne donnais pas assez à l'Impératrice Joséphine, qu'il devenait impossible de l'habiller à ce prix. Je l'arrêtai au milieu de son impertinente éloquence d'un seul regard. Il en demeura comme terrassé. »

∴

Marie Louise, comme Joséphine, se fournit chez ıonnête Leroy. Ses notes sont fort coquettes aussi ; ı avril 1810, un mémoire est de 29.392 fr. 50 ; en mai ; 29.514 francs, auxquels il faut ajouter 1.178 francs, ıyés le 16 juin : voici 9.863 fr. 90 d'un côté en juil-t, et 7.011 francs d'un autre pour le même mois :).058 fr. 65 pour août : 7.325 fr. 60 pour septembre d'un côté et 452 fr. 25 d'un autre, 1.721 fr. 20 pour octobre, 6.627 fr. 75 pour novembre d'un côté et 1.447 fr. 90 d'un autre. Donc, en neuf mois, 104.502 fr. 75. Et Joséphine passe, aux yeux de la postérité, pour avoir été follement dépensière... Mais il me semble que sa remplaçante ne lui cédait en rien sous ce rapport.

Leroy ne se plaignait pas d'elle, loin de là ! Il paraît même qu'il prenait, vis-à-vis d'elle, certaines libertés et qu'un jour il se permit de lui dire, en lui essayant un corsage, qu'elle avait de belles épaules ; la grosse Autrichienne accepta le compliment, mais elle ne dut pas en faire part à l'Empereur : le sieur Leroy eût passé un mauvais quart d'heure.

Mlles Lolive de Beuvry et Cie, marchandes lingères, figurent aussi sur nos registres : elles faisaient de très grosses fournitures, car elles émargent pour des sommes considérables : en nivôse, an XIII, 6.521 fr. 10 6.441) ; en brumaire, 10.000 (9.876 fr. 54) ; en décembre 1807, 10.000 encore et, le 16 février, elles avaient déjà touché 4.399 francs : sur les 390.090 francs que Napoléon fit compter de nouveau à Joséphine pour solder l'arriéré d'avril 1806 à juillet 1807, elles relèvent 40.015 fr. 22 : sur les premiers fonds versés pour le même objet, elles bénéficient de 56.591 fr. 73. Il ne convient pas de multiplier les chiffres en donnant mois par mois les sommes versées, mais le total de ce que ces dames ont touché en moins de sept ans est coquet, il se monte à 113.672 fr. 29.

Aussi Joséphine est-elle très lingée ; elle possède 408 chemises et seulement *deux pantalons*, les créoles pas plus que nos paysannes, ne se soucient de cet accessoire de la toilette ; les chemises sont brodées au bas, garnies aux manches et à la gorge de Malines ou de Valenciennes ; elles sont en batiste à 18 francs l'aune, il faut 2 aunes 1/4 pour une chemise : la façon coûte 7 francs, la garniture de 15 à 100 francs, plus les dentelles de 100 à 200 francs. Voyez la dépense.

L'Impératrice changeant trois fois par jour de chemise, a vite fait de les friper ; aussi, M. Lesueur, marchand de dentelles, fait-il de fréquentes fournitures : il figure pour 6.725, pour 15.000, pour 18.021 fr. 40. Enfin, pour solder son compte, Ballouhey lui verse, le 1er mars, 1.809 fr. 87 : il n'est d'ailleurs pas le seul fournisseur : Scribe, Bernard et Cie, Loneri et Bignani de Bologne ; Lesueur, Frémont, Vandersel, de Reurs 11.000 francs) : Mme de Vaudricourt, Castellatz et Cie, de Barègre ; Mme Ervin Dibelius, de Mayence, vendent à Sa Majesté des pièces de batiste, de gaze, des voiles de crêpe, des rubans.

⁂

Le blanchissage, le nettoyage des robes est coûteux encore. Mais les sommes que touchent Clavery, dégraisseur, Mme Maurice, Mme Parbier, M. Patin pour blanchissage et fourniture de bas, Mme Michel, M. Hanaire, blanchisseur de bas, la femme Berger, Dumesail, dégraisseur, Barbier, sont moins élevées naturellement que celles d'un Leroy ou d'une Lolive de Beuvry. Ainsi, Mme Maurice touche 3.682 fr. 92 pour son mémoire de janvier 1808 à mars 1809, 14 mois, soit 363 francs par mois ; mais comme entre ces différents fournisseurs est reparti le travail, on peut juger que c'est là encore une grosse dépense.

Mlles Lolive, lingères (telle est la suscription du Livre-Journal des Recettes et Dépenses pour S. M. l'Impératrice Marie-Louise), continuèrent à celle-ci leurs fournitures. Il est probable qu'elle n'avait pas le luxe exagéré de lingerie de Joséphine ; néanmoins elle leur achète beaucoup. Je relève le paiement de 4.895 fr. 50 pour le mémoire du 25 avril 1810 ; de 593 et de 334 pour celui de mai ; en deux fois, au mois de juin, on leur verse 3.137 fr. 65 et 3.681 fr. 50, en tout 6.819 fr. 51 ; en juillet, 8.762 fr. 50 ; le 30 août, Mlle Lolive de Beuvry touche 5.635 francs, en septembre 7.544 fr. 93. En voilà suffisamment pour nous édifier : Marie-Louise ne fait ni plus ni moins de frais pour sa toilette que Joséphine !

Il ne semble pas, en revanche, qu'elle ait autant sali son linge ou ses vêtements et déchiré ses dentelles ; seul, Hanaire figure comme blanchisseur de bas de soie. Les noms de la veuve Riouse, à laquelle on verse, de mars 1908 à juin 1909, 10.924 francs et des centimes ; de Renaire, marchand brodeur ; de Mme Duquesnoy, ouvrière en dentelles du temps de Joséphine, ne se rencontrent plus dans nos livres des comptes de Marie-Louise. On y trouve Mme Minette, mais qualifiée d'ouvrière en dentelles, et ses notes sont modiques : 566 fr., 177 fr. ; Mme Villemet, blanchisseuse, touche aussi 867 fr. le 10 juillet 1810. Je lis encore : « 16 juillet 1810, payé à Mme Michel, ouvrière en linge, son mé-

L'IMPÉRATRICE MARIE-LOUISE ET LE ROI DE ROME
(D'après un tableau conservé au Musée de Versailles)

moire du 30 juin, 41 francs. » C'est là une note de petite bourgeoise !...

Leroy et Mlle Lolive ne sont pas les seuls fournisseurs de l'Impératrice Joséphine. Je relève encore les noms de Mme Lucas, pour une robe qu'elle a fournie à S. M. l'Impératrice, an XIII, 2.000 francs ; M. Pistorius, de Strasbourg, 25 mars 1806, pour des robes, touche 1.065 fr. 31. Les ouvrières en robes sont légion ; Mme Michel présente une note de 175 fr. 81 (notez ces centimes !...), une bagatelle ! Mme Barbieux, 86 fr. 10 ; mais Mme Germon, pour fournitures et façon de robes, encaisse 2.172 fr. 82 le 24 prairial, an XIII, et 14.552 fr. 58 sur l'arriéré payé en 1806 ; la femme Gallyot, ouvrière de la garde robe, reçoit 533 fr. 31 pour solde de ses journées, le 12 octobre 1807 ; le prix de la journée est indiqué, il est de 2 fr. 10. Citons encore les noms de Mme Coutant (2 018 fr. 35), de Mme Michel qui fournit en 1805, 1807, 1808 et 1809, à diverses, pour 7.137 fr. 68 ; ce n'est qu'une ouvrière en linge ; Germon et Hucher, eux, de novembre 1807 à décembre 1809, reçoivent pour une seule note 7.000 francs ; un sieur Sandoz, 9.500 francs.

*
* *

Marie-Louise honore de sa clientèle Herbault, marchand de modes ; Dufresne, linger ; Frémont, marchand de rubans ; Baugé, mercier, qui touche 4.534 francs pour cinq notes ; d'autres encore.

Les marchands d'étoffes de soie surtout font de bonnes affaires avec les deux Impératrices ; ce sont : Le

Normand, Vacher, Fillion, Nourtier, Scribe, Bernard et Cie, et particulièrement Raimbaud, qui au 1er janvier 1810, touche 56.000 fr. ; Frémont, marchand de rubans, 2.444 fr. 79 et Levacher 4.300 fr. 15 et, le 24 vendémiaire, an XIII, il figure pour 8.087 fr. 66 ; Fillion, le 1er janvier 1806, de son côté, reçoit 33.880 fr. 86, solde des notes à partir de pluviôse, an XIII. Mme veuve Toullet et Mme veuve Strob, de Strasbourg, fournissent les pelleteries. La plus forte somme versée pour un mémoire est de 10.000 francs, le 17 janvier 1809 ; j'en trouve une de 5.000 francs, deux qui dépassent 2.500, une de 2.950, les autres mémoires étant inférieurs à 1.000 francs : ces dépenses étaient raisonnables. Peut-être les deux princesses n'aimaient-elles pas beaucoup les fourrures qui n'étaient d'ailleurs pas en vogue, alors, comme aujourd'hui.

Si j'inscris les noms des bonnetiers, de Patin, Cholet, Susse, Thévenot et Teissier, c'est pour dire en quelle estime on tenait ce dernier qui demeurait boulevard Montmartre, puisqu'on lui confia les enfants de la reine Hortense après Waterloo : le total de ce qu'ils reçurent est des plus modestes.

Mme Coutant, du 13 ventôse, an XIII, à novembre 1809, fournit pour 6.399 fr. 11 de corsets : Walcker, pour 1.033 fr. de gants. Et l'ineffable cordonnier Schacherer que j'oubliais !... L'habile artiste. Il travailla pour les deux Impératrices, de nivôse, an XIII, jusqu'au *9 novembre 1814*, où il fournit des souliers et des bottines, à Sa Majesté, pour 402 francs.

Cette fidélité a de quoi nous étonner : un jour, Joséphine lui disant qu'il lui était impossible de marcher quand elle était chaussée de ses souliers : « Mais, dit-il impudemment, mes chaussures ne sont pas faites pour qu'on puisse marcher ! » Ce cordonnier dut peut-être son succès à cette boutade : dans tous les cas, la clientèle des deux Impératrices lui rapporta une fortune.

Les fabricants de dentelles ne fournissent pas de mémoires inférieurs à 500 francs : un très grand nombre dépassent 1.000 francs : 12 septembre *1811*, payé à Beury et Chambé, fabricants de points d'Alençon, 2.838 fr. 50 : j'en vois un de 8.876 fr. 54, un autre de 8.262 fr. 80, de 4.300 fr. : le total est effrayant ! Mme veuve Rioux, M. Lesueur, MM. Vanderborcht et Cie, Mlle Caulier, Renaire, brodeur, Mme Duquesnoy, sont les fournisseurs attitrés.

Pour les parfums, les frais sont considérables aussi ; le rouge était l'occasion d'une grande dépense pour Joséphine : le 12 ventôse, an XIII, Mlle Martin fournit 9 pots de rouge, prix 192 fr. : le 12 ventôse, 2 pots, 189 francs : le 25 décembre, elle touche un acompte de 1.000 francs sur 2.320 francs : elle n'est pas la seule à fournir : voici une d'elles, Chaumeton, avec une note de 598 fr. 72.

Tobias Koen, pédicure, procure la pommade pour les pieds : je relève une note de 24 francs et une autre de 6 francs : il est plus raisonnable !

Ainsi, Mlle Martin fournit du rouge en 1806 et 1807 pour 1.749 fr. 58 : c'est que Joséphine voulait « *Pour réparer des ans l'irréparable outrage* » se farder et se farder encore : Napoléon l'y encourageait. Ne dit-il pas un jour, à une dame fort pâle, dans une réception aux Tuileries : « Madame, vous semblez sortir de couches !

il faut vous mettre du rouge ! » Mais quand il faisait des scènes à Joséphine, elle pleurait toutes les larmes de son corps ; le fard fondait et coulait le long de ses joues et l'empereur alors se tordait de rire ! C'était un homme terrible ! Comme parfumeurs, voici des noms connus : Gervais, Chardin, à qui l'on compte 1.688 fr., 8.752 fr. 57 ; 1.566 fr., 1.700 fr., 947 fr. ; Lubin, 395 fr., 400 fr., 56 fr., 79 fr. ; Farina, à Cologne, 120 fr. ; Houbigant, Magny.

⁂

Il semble que l'Impératrice n'avait pas grand besoin de bijoux, puisqu'elle avait à sa disposition les joyaux de la couronne, la grande parure de diamants : collier, couronne, boucle d'oreilles, bracelets, rivières de cinq rangs de chatons, ceinture en roses, valant 3.709.583 fr. 92, sans compter la parure de rubis d'Orient, la parure de turquoises, la parure de perles estimée 570.107 fr., le tout représentant plus de 5 millions. Mais elle voulut des joyaux qui fussent *à elle* et qu'elle pût garder en cas de malheur, et, à l'inventaire de 1809, on trouve un collier de diamants de 541.000 fr., une émeraude et diamants, 178.000 ; un bandeau de perles, 148.000 fr., un diadème diamants, 1.032.000 fr. : elle possède, d'après le chiffre de prisée inférieure d'un tiers à la valeur réelle, 4.354.255 francs de joyaux, sans compter les milliers d'objets de moindre valeur, bracelets par centaines, colliers, parures d'agate, pierres gravées, coraux, perles fines, etc. Ces bijoux, dons de papes et de rois, présents d'anniversaires, gages d'amour, elle les vend, les troque, les modifie, les dénature. Où est le petit médaillon de filigrane, unique présent du général Vendémiaire ? Elle l'a troqué pour une pierre de fantaisie (1).

Ceci nous explique que les sommes versées aux bijoutiers assez nombreux auxquels elle s'est adressée ne sont qu'exceptionnellement importantes et ne forment pas un total considérable. Le 8 brumaire, an XIII, Marguerite, joaillier, figure dans les comptes pour 9.876 fr. 64 : le 3 juillet, Nitot touche 16.000 fr. à valoir : le 13 mai 1807, 9.000 francs ; le 1er juin, 10.330 francs ; le 28 novembre, 94.514 fr. 80. Le 1er janvier, Foncier figure également pour 10.000 francs, Mme Cablat, 6.000 francs pour une perle « fournie à Sa Majesté depuis plusieurs années ; d'autre part, Depresle présente une facture de 1.185 fr. 18 pour un pistolet d'or, Mugnier reçoit 71 francs. Lignereux 1.800 francs pour une paire de bracelets. Biennais présente des mémoires de 1.278 fr. 51 et de 1.406 fr. 41 (120 louis), fournis à l'Impératrice pendant son voyage d'Italie : Conrado, 1.896 fr. 20 pour deux camées boucle d'oreilles ; voici une note de 80 fr. 99, payée à Moulighem.

Les bijoutiers auxquels a recours le plus ordinairement Marie-Louise sont Nitot et Fils et Biennais. Le mémoire le plus élevé de Nitot et Fils est de 11.000 fr. 40, celui de Biennais de 6.868 francs. Le premier, pendant les années 1810 et 1811, fait des fournitures pour

---

(1) J'emprunte ces renseignements à une notice de Frédéric Masson : *L'existence d'une Impératrice*.

22.366 fr. 37 et le deuxième pour 26.491 francs ; on trouve les noms d'autres bijoutiers : Mme Casiel, Mme Duroselle, le sieur Pitaux, pour une parure de demi-deuil, 4.000 francs ; Mme Reys, un sieur Picot, le prince Aldobrandini, pour des perles d'or achetées à Milan, est remboursé de 2.437 francs : citons encore Mme Lediard, Marie-Louise achète beaucoup de montres chez Mugnier ; elle paie, le 14 septembre 1810, deux montres 864 fr. ; le 28, deux autres 1.020 fr. : le 19 octobre, deux autres encore 1.320 francs. Le 24 janvier 1811, il fournit deux petites montres pour cadeau moyennant 668 francs, trois autres à quelques jours d'intervalle, à répétition et cadran d'or, pour 1.500 fr. Mais voici le nom du fameux Bréguet. il est plus cher puisqu'il livre deux montres moyennant 7.200 francs ; Lepante, dont le successeur est fournisseur de la Compagnie des Chemins de fer de l'Est, en livre une pour 600 francs et en même temps une pendule pour 1.900 francs. Bornons nous : un et même plusieurs numéros de cette revue ne suffiraient pas pour énumérer toutes ces dépenses. Du moins, pour ce qui concerne les bijoux, nos deux Impératrices se sont montrées très raisonnables.

∴

Il nous resterait à étudier nos Registres de Comptes pour y découvrir les dépenses faites par Joséphine et Marie-Louise au point de vue intellectuel, scientifique et artistique : comme nous avons communiqué nos notes à M. Paul Marmottan, un Parisien qui s'est fait un nom pour ses études napoléoniennes et qui manquait de temps pour compulser nos registres, il convient de ne pas le gêner dans sa publication.

Joséphine se plut à favoriser les artistes et s'intéressa constamment aux arts : elle accorde 2.400 francs au peintre Zix pour perfectionner son talent ; Redouté, peintre de fleurs, est des plus favorisés ; Isabey fournit de nombreux portraits à 500 francs pièce : Gérard Foncier présente deux portraits en roses ornés de diamants, et représentants leurs Majestés, pour le prix de 2.000 francs, ce qui n'est vraiment pas cher ; Laurent fait le portrait de l'Impératrice à Plombières, Chaudet son buste en marbre, Chinard, de Lyon, également (3.000 fr.), d'autres encore ; Cartellier, Bosio, Bouzanigo, sculpte douze portraits en bois ; Leroux en fait en ivoire ; Jacob de Malter fournit des bronzes. Voici d'autres noms : Parant, peintre en miniature ; Vernay, de Taunay, Aubry, Duperreux, Augustin : Simon, Godefray, graveurs. Les musiciens aussi sont protégés par Joséphine : Mlle Delihu, cantatrice, touche une pension : Cousineau, musicien, reçoit 6.000 fr. : l'acteur Dupont donne une représentation à son bénéfice, l'Impératrice loue une loge 600 francs.

Marie-Louise n'a pas les goûts artistiques de Joséphine. En dehors de Prud'hon et d'Isabey, ses professeurs de dessin, dont le second fait à plusieurs reprises les portraits du roi de Rome : de Redouté, qui touche en une fois 4.486 francs, on ne trouve guère que des noms de marchands d'estampes.

Robin (68 fr. 50), Meyer, Artaria de Manheim, Fay, dessinateur en dentelles ; Rodet de la Chesnaye et aussi

Pair, directeur de la musique de l'Empereur, et c'est tout, c'est peu.

Les deux femmes de Napoléon cultivèrent peu les lettres, elles avaient d'autres préoccupations : Joséphine avait un bibliothécaire, mais dont la charge était plutôt une sinécure : trop occupée de sa toilette, elle ne prend pas même le temps de lire les journaux auxquels elle est abonnée ; elle n'ouvre pas les rares publications périodiques auxquelles elle a souscrit ; elle s'occupe surtout d'histoire naturelle, parce qu'elle veut faire une belle collection de plantes à la Malmaison (le 25 septembre 1809, on paie à Rosenkrantz et Fils, à Haarlem, fleuristes, 2.086 francs pour solde de l'envoi d'une amaryllis !). Le général Ernoux envoie de la Guadeloupe des animaux rares, elle reçoit des cigognes de Strasbourg : l'oiselier Réoux nourrit toutes les bêtes et tout cela est très cher. Joséphine dépense pour n'en pas profiter ; avant le divorce, elle ne fit qu'un séjour de huit mois à la Malmaison.

Marie-Louise est plus préoccupée de bonbons, de jouets d'enfants, que de lettres ou d'arts, et elle en achète en quantité et de tous côtés. Les deux Impératrices faisaient souvent table à part, si j'en juge par la feuille encartée dans un des registres des comptes et qui a pour titre : « Projet de Règlement pour le service de la Maison de S. M. l'Impératrice (1) Marie-Louise » et, au dessous, « Etat des Tables ». Elles achetaient donc une assez grande quantité de vins : or, on peut lire, à la date du 22 décembre 1814 : « Payé à

(1) Le mot Impératrice a été biffé... pourquoi ?

MM. Soupé et Pierrugues, 334 fr. 95 pour 50 bouteilles de vin de Chambertin, fournies à Sa Majesté ». Marie-Louise n'ose plus faire de grandes provisions !

*
* *

Et ces livres de comptes se terminent comme une tragédie. Voici les quatre derniers articles de la page 197 et dernières : 536, payé pour le port de 138 caisses, de Paris à Vienne, 5.288 fr. ; 536, payé aux deux militaires autrichiens qui ont accompagné l'expédition des caisses ci-dessus (les bagages de l'Impératrice), de Paris à Vienne 452 francs (1) ; 538, 18 février 1815, reçu de S. M. l'Impératrice une lettre de change de MM. Arnstein et Eskelès, banquiers à Vienne, payable aujourd'hui sur MM. Perregaux, Lafitte et Cie, banquiers à Paris, pour acompte sur les dépenses effectuées à Paris pour le compte de Sa Majesté jusqu'au 31 décembre 1814, 15.000 francs.

1er mai 1815, reçu de S. M. l'Impératrice une lettre de change de MM. Arnstein et Eskelès, banquiers à Vienne, payable ce jour sur MM. Perregaux la Fitte (sic) et Cie, banquiers à Paris, pour solde et balance des dépenses effectuées à Paris pour le compte de S. M. jusqu'au 31 décembre 1814, 23.453 fr. 13. Ballouhey signe, ferme son registre, sûrement avec un grand serrement de cœur : fidèle à sa maîtresse, il l'accompagne quelques mois plus tard à Parme (2), tandis que Napoléon s'en allait mourir sur le rocher de Sainte Hélène...

Camille ROCHARD.

---

(1) L'emballeur s'appelait Landru. Joséphine l'employait aussi.

(2) C'est là qu'il achète au fameux Bodoni quatre ouvrages superbes pour en faire don à la Bibliothèque de Gray en même temps que ses Livres de Comptabilité.

LA JEUNESSE D'UN BIBLIOTHÉCAIRE

Il nous a paru piquant de terminer cette intéressante étude historique sur le document rétrospectif que voici. C'est la carricature de notre aimable collaborateur, M. Camille Rochard, en « Père Duchesne », dessinée en 1869, à l'occasion d'une petite révolte au Lycée Impérial de Dijon, par un de ses condisciples, en qui se révélait déjà le talent et la verve futurs de son auteur, le grand artiste Willette.

Extrait du Bulletin de la Société Grayloise d'Emulation
année 1925